CATALOGUE

DES

DESSINS ET ÉTUDES

LAISSÉS

PAR FEU L. CALAMATTA

Directeur de l'École royale de gravure de Bruxelles
Professeur de gravure à l'Académie de Milan, Membre correspondant de l'Institut

ET DES

TABLEAUX DES DIVERSES ÉCOLES

OBJETS D'ART ET DE CURIOSITÉ

Qui composaient son cabinet

DONT LA VENTE AURA LIEU

HOTEL DROUOT, SALLE N° 9

Les Lundi 18 et Mardi 19 Décembre 1871

A UNE HEURE ET DEMIE TRÈS-PRÉCISE

Mᵉ DELBERGUE-CORMONT, Commissaire-Priseur à Paris,
rue de Provence, 8,
Assisté de **M. FRANCIS PETIT**, Expert, rue Saint-Georges, 7,
Et de **MM. DHIOS et GEORGE**, Experts, rue Le Peletier, 33.

EXPOSITION PUBLIQUE

Le Dimanche 17 Décembre 1871, de une heure à cinq heures

PARIS — 1871

RENOU ET MAULDE

IMPRIMEURS DE LA COMPAGNIE DES COMMISSAIRES-PRISEURS

Rue de Rivoli, 144

CATALOGUE

DES

DESSINS ET ÉTUDES

LAISSÉS

PAR FEU L. CALAMATTA

Directeur de l'École royale de gravure de Bruxelles
Professeur de gravure à l'Académie de Milan, Membre correspondant de l'Institut

ET DES

TABLEAUX DES DIVERSES ÉCOLES

OBJETS D'ART ET DE CURIOSITÉ

Qui composaient son cabinet

DONT LA VENTE AURA LIEU

HOTEL DROUOT, SALLE N° 8

Les Lundi 18 et Mardi 19 Décembre 1871

A UNE HEURE ET DEMIE TRÈS-PRÉCISE

Mᵉ **DELBERGUE-CORMONT,** Commissaire-Priseur à Paris,
rue de Provence, 8,
Assisté de **M. FRANCIS PETIT.** Expert, rue Saint-Georges, 7,
Et de **MM. DHIOS et GEORGE,** Experts, rue Le Peletier, 33.

EXPOSITION PUBLIQUE

Le Dimanche 17 Décembre 1871, de une heure à cinq heures

PARIS — 1871

CONDITIONS DE LA VENTE

Elle sera faite au comptant.

Les Acquéreurs paieront CINQ POUR CENT en sus du prix d'adjudication.

ORDRE DES VACATIONS

Le Lundi 18 Décembre

Les Dessins .... Du n° 1 au n° 169

M. Francis PETIT, Expert.

Le Mardi 19 Décembre

Les Tableaux et Objets d'art.... Du n° 170 à la fin.

MM. DHIOS et GEORGES, Experts.

DESSINS

---

1 — **Le Vœu de Louis XIII.**

Dessin capital, exécuté en 1825, d'après le tableau de Ingres.

H. 60 c. L. 40 c.

2 — **La Vierge à l'Hostie.**

Dessin d'après le tableau de Ingres.

H. 40 c. L. 29 c.

3 — **La Vision d'Ezéchiel.**

Dessin d'après le tableau de Raphaël, et exécuté de même grandeur à Florence.

H. 40 c. L. 29 c.

4 — **La Vierge à la Chaise.**

Dessin d'après le tableau de Raphaël (Florence).

Forme ronde. — 31 c. diamètre.

5 — **La Vierge, l'Enfant-Jésus et saint Jean, dite la Vierge à l'Œillet.**

Dessin d'après le tableau de Raphaël.

H. 22 c. L. 22 c.

6 — **La Fornarina.**

Dessin d'après le tableau de Raphaël (Florence).

H. 35 c. L. 26 c.

7 — **La Joconde.**

Dessin d'après le tableau de Léonard de Vinci.

H. 58 c. L. 27 c.

8 — **La Fortune.**

Dessin d'après le tableau de Raphaël.

H. 28 c. L. 15 c.

9 — **Le Sauveur.**

Dessin, fragment du tableau de la Dispute, d'après Raphaël (Rome).

Grand dessin — H. 1 m. 45 c. L. 1. m.

10 — **La belle Jardinière.**

Étude à mi-corps, d'après le tableau de Raphaël (Paris).

H. 53 c. L. 44 c.

11 — **La Vierge, l'Enfant Jésus et les Apôtres.**

Dessin d'après un tableau de Mantegna.

H. 57 c. L. 41 c.

12 — **La Vierge, l'Enfant Jésus et saint Jean.**

Dessin d'après un tableau d'André del Sarte.

H. 24 c. L. 21 c.

13 — **Tête de Sainte.**

Dessin d'après un tableau de Luini.

H. 13 c. L. 11 c.

14 — **La Vierge et l'Enfant Jésus.**

Dessin, fragment du tableau du Vœu de Louis XIII, par Ingres.

Grand dessin. — H. 1 m. 10 c. L. 98 c.

15 — La Source.

Dessin d'après le tableau de Ingres.

H. 27 c. L. 14 c.

16 — Françoise de Rimini.

Dessin d'après le tableau d'Ary Scheffer.

H. 25 c. L. 34 c.

17 — Galilée.

Dessin d'après le tableau de Robert Fleury.

H. 55 c. L. 90 c.

18 — Christophe Colomb.

Dessin d'après le tableau de Dekeyser.

H. 55 c. L. 90 c.

19 — Portrait de Raphaël.

Calque d'après le tableau de Raphaël (Rome 1841).

H. 50 c. L. 35 c.

20 — Portrait de Raphaël.

Dessin d'après le même tableau de Raphaël (Florence).

H. 45 c. L. 32 c.

21 — Portrait de Masaccio.

Dessin d'après Masaccio (Florence).

H. 48 c. L. 32 c.

22 — Portrait d'un Cardinal.

Dessin d'après Raphaël.

H. 21 c. L. 16 c.

23 — Portrait d'un Cardinal.

Dessin d'après Raphaël.

H. 27 c. L. 21

24 — Portrait de Rubens (Buste).

Dessin d'après Rubens.

H. 30 c. L. 22 c.

25 — Portrait de Van Dyck (Buste).

Dessin d'après Van Dyck.

Forme ovale. — H. 65 c. L. 54 c.

26 — Figure de Charles-Quint.

Dessin d'après Le Titien.

H. 42 c. L. 33 c.

27 — Portrait de Murillo.

Dessin d'après Murillo.

H. 15 c. L. 11 c.

28 — Portrait de Duquesnoy.

Dessin d'après Van Dyck (Bruxelles).

H. 68 c. L. 55 c.

29 — Portrait d'Edelinck.

Dessin d'après Rigaud.

H. 55 c. L. 41 c.

30 — Portrait de Grétry.

Dessin d'après Me Lebrun (Paris).

H. 61 c. L. 51 c.

31 — Masque de Napoléon.

Dessin exécuté d'après le masque moulé sur nature à Sainte-Hélène.

H. 23 c. L. 18 c.

32 — Masque de Napoléon.

Deux autres études au trait.

33 — Portrait du duc d'Orléans.

Dessin d'après le tableau de Ingres.

H. 39 c. L. 26 c.

34 — Portrait de M. le comte Molé.

Dessin d'après le tableau de Ingres.

H. 36 c. L. 28 c.

5 — Portrait de M. Guizot.

Dessin d'après le tableau de P. Delaroche.

H. 35 c. L. 27 c.

36 — Portrait de Mazzini.

Dessin d'après nature.

H. 40 c. L. 44 c.

37 — Portrait de Lamennais.

Dessin d'après nature.

H. 32 c. L. 24 c.

38 — Portrait de Mme Sand.

Dessin d'après nature.

H. 22 c. L. 10 c.

39 — Sainte Cécile.

Dessin original.

H. 36 c. L. 22 c. c.

40 — Suzanne au bain.

Dessin original.

H. 33 c. L. 25

41 — La Modena, en figure de Liberté.

Dessin original.

H 40 c. L. 30 c.

DESSINS ET ÉTUDES

D'APRÈS LES MAITRES

42 — **Saint Michel.**

Étude de tête, fragment d'après le tableau de Raphaël.

43 — **Saint Jean enfant.**

Fragment d'après Raphaël (1826).

44 — **Tête de vieillard.**

Fragment d'après le Pérugin (Florence 1836).

45 — **Tête de Vierge.**

Fragment d'après Léonard de Vinci (1838).

46 — **Têtes de saintes.**

Fragments d'après Léonard de Vinci (Florence 1836).

47 — **Têtes de jeune garçon.**

Fragment d'après le tableau d'André del Sarte (Florence 1836).

48 — **Tête de jeune garçon.**

Fragment d'après un tableau d'André del Sarte.

49 — **L'Enfant Jésus.**

Fragment d'après un tableau de Fra Bartholoméo.

50 — Tête de jeune homme.

Fragment d'après Fra-Bartholomeo (Florence).

51 — Tête de femme.

Fragment d'après Fra-Bartholomeo (Florence).

52 — Vierge et Enfant Jésus.

Trait rehaussé d'après un ancien maitre.

53 — Tete de Vierge.

Fragment d'après Le Perugin.

54 — Portrait de femme.

Étude d'après un ancien maitre.

55 — Portrait de femme.

Étude d'après un ancien maitre.

56 — Tête de saint.

Fragment d'après Rubens (Bruxelles).

57 — Étude de tète de Françoise de Rimini.

Fragment d'après le tableau d'Ary Scheffer.

H. 37 c. L. 36 c.

58 — Étude d'après un buste.

DESSINS EN FEUILLES

D'APRÈS LES MAITRES.

---

59 — Portrait de Raphaël.

Étude d'après Raphaël (Florence 1836).

60 — Portrait de Masaccio.

Étude d'après Masaccio. (Florence 1836).

61 — Portrait d'homme.

Étude d'après Holbein (Paris 1836).

62 — Vierge et Enfant Jésus.

Fragment d'après la madone de Foligno de Raphaël (Rome 1844).

63 — Evanouissement de la Vierge.

Fragment du Spasimo d'après Raphaël (Rome 1841).

64 — Tête de Femme.

Fragment du Spasimo d'après Raphaël (Flarence 1841)

65 — Tête de Vierge.

Fragment d'après Raphaël (Rome 1844).

66 — Sainte Anne.

Fragment du Spasimo d'après Raphaël (Florence 1841).

67 — Apollon.

Trait rehaussé d'après Raphaël (Rome).

68 — Études de têtes.

Traits rehaussés, d'après Raphaël.

69 — Douze grandes études.

D'après Raphaël et autres maîtres.

70 — Figure de la Cenci.

Grand dessin d'après le Guide.

71 — Tête de femme priant.

Étude d'après le Pérugin (Rome).

72 — Tête de moine écrivant.

Étude d'après le Pérugin (Rome).

73 — Tête de moine en prières.

Étude d'après le Pérugin (Rome).

74 — Portrait de femme.

Dessin d'après Luca d'Olanda (Pise 1836).

75 — Sainte Famille.

Dessin esquisse, d'après Fra-Bartholomeo (Florence 1841).

76 — Vierge et Enfant-Jésus.

Trait d'après Botticelli (Florence 1841).

77 — Tête de Femme.

Trait rehaussé d'après Michel-Ange (Florence 1836).

78 — Figure de femme.

Dessin esquisse d'après Michel-Ange.

79 — Le Génie de la Victoire.

Dessin d'après un bas-relief du musée Campana.

80 — Figure de jeune homme.

Dessin d'après l'antique.

81 — Tête de Vierge.

Trait d'après Ingres, le Vœu de Louis XIII.

82 — Tête du Dante.

Trait d'après A. Scheffer.

83 — Deux Figures de saints.

Fragments d'après le tableau de la Vierge à l'Ostie, par Ingres.

84 — Deux portraits de Godefroid de Bouillon.

Dessins.

85 — Masque de Napoléon.

Études au trait, d'après le masque moulé sur nature à Sainte-Hélène.

86 — Portrait du duc d'Orléans.

Trait d'après Ingres.

87 — Petit portrait.

Dessin.

88 — Un Album contenant trente-six portraits, calqués d'après les maîtres.

DESSINS & ÉTUDES D'APRÈS NATURE

89 — **Portrait de Taurel.**

Dessin d'après nature.

90 — **Portrait de Pollet (statuaire).**

Dessin d'après nature.

91 — **Portrait d'homme.**

Trait rehaussé d'après nature.

92 — **Deux portraits de Chopin (compositeur).**

Dessins d'après nature.

93 — **Deux petits portraits d'Enfants.**

Dessins d'après nature.

94 — **Christ à la Colonne.**

Dessin, figure à mi-corps.

95 — **La Liberté.**

Figure à mi-corps.

96 — **Pifferaro.**

Figure à mi corps, d'après nature.

97 — **Figure d'homme à longue barbe.**

Tête d'après nature.

98 — Tête de jeune Enfant.

Trait d'après nature.

99 — Tête de jeune garçon.

Dessin d'après nature.

100 — Quatre études de femme.

Figures entières.

101 — Une étude de jeune homme.

Figure en pieds.

102 — Cinq études de femmes.

Demi figures. Types italiens.

103 — Huit têtes de femmes.

Types italiens.

104 — Trois têtes d'hommes.

Types italiens.

105 — Petit Mendiant italien.

Étude d'après nature.

106 — Trois études de mains.

107 — Treize calques d'après les anciens maîtres.

DESSINS MODERNES

PAR DIVERS ARTISTES.

ANONYME

108 — Femme à sa toilette.

Dessin.

109 — Tête de Christ.

Dessin.

CESARE DE L'ACQUA

110 — La mort d'Hyppolyte.

Dessin

CORTOT

111 — Un Calque.

Dessin,

DAVID

112 — Mercure, croquis.

Dessin

DESVACHEZ ET CALAMATTA

113 — La Tentation d'Ève.

Dessin.

D'après le tableau de Calamatta.

FRANCK

114 — Sainte Cecile.

D'après Van Eycken. Dessin,

GRANET

115 — Tête d'Arabe.

Sepia.

INGRES

116 — Romulus triomphe des dépouilles opimes.

Dessin rehaussé.

117 — Le Vœu de Louis XIII, première composition.

Dessin.

118 — Figure pour la Source.

Dessin.

119 — Autre figure pour la Source.

Dessin.

120 — Autre figure pour la Souree.

Dessin.

INGRES

121 — Autre figure pour la Source.

Dessin.

122 — Figure pour l'Odalisque.

Dessin.

123 — L'Enfant Jésus endormi.

Dessin.

124 — Livie évanouie. Fragment du tableau : *Tu Marcellus eris.*

Dessin.

125 — Figure allégorique : La Peinture.

Dessin.

126 — Jeune homme jouant de la flûte.

Dessin.

127 — Figure drapée.

Dessin.

128 — Portrait de Paganini.

Dessin.

129 — Portrait.

Dessin.

130 — Sujet antique.

Dessim.

131 — Autre sujet antique.

Dessin.

132 — Tête de Vierge, d'après Sodoma.

Dessin.

INGRES

133 — Tête de Vierge.

Dessin.

134 — Étude de femme.

Dessin.

135 — Tête de femme.

Dessin.

136 — Divers croquis.

Dessin.

DE MADRAZO

137 — Portrait de la Reine d'Espagne.

Aquarelle.

MANSIAU

138 — Portrait de Grétry.

Dessin.

MASSARD

139 — Huit portraits divers.

Dessins.

MERCU

140 — Portrait de Machiavel.

Dessin.

MERCURI

137 — Portrait de l'Arétin.

Dessin.

138 — Portrait de Mercuri.

Dessin.

139 — Autre portrait de Mercuri.

Dessin.

140 — Trois portraits divers.

Dessin.

141 — Un portrait d'homme.

Dessin.

142 — Jupiter et Leda.

Dessin.

143 — Trente et un croquis de compositions diverses.

Dessin.

144 — Trois études, d'après Raphaël.

Dessin.

145 — Copie d'un vitrail persan.

Aquarelle.

146 — Portrait de femme, d'après Ingres.

Dessin.

147 — Portrait de petite fille.

Dessin.

148 — Portrait d'enfant.

Dessin.

MERCURI

149 — Portrait d'enfant.

Dessin.

150 — Portrait d'enfant.

Dessin.

MEUNIER

155 — L'évanouissement de la Vierge.

Dessin d'après Sodoma.

PORTAELS

156 — Ophélie.

Plume.

PRADIER

157 — Onze Croquis divers.

Plume.

SANGUINELLI

158 — Vierge et Enfant-Jésus.

Aquarelle.

TROLLI

159 — Portrait de vieillard.

Dessin.

TAUREL

160 — Jesus chez Marthe et Marie.

Dessin.

THÉVENIN

161 — La Joconde.

Copie du dessin catalogué sous le n. 7.

VANDERHAERT

162 — Quatre grandes Études.

Dessins.

E. VERBOECKHOVEN

163 — Moutons couchés.

Plume.

164 — Taureau et chien.

Plume.

HORACE VERNET

165 — Arabes (croquis).

Deux Dessins.

MEUNIER, DEVACHEZ, MORELLI, ETC.

166 — Trente-trois grandes Étud[illegible] d'après Raphaël.

PAR DIVER

167 — Huit Études, figures, etc.

Dessins.

168 — Un grand nombre d'Études et Croquis.

Dessins.

169 — Études académiques, draperies.

Dessins.

TABLEAUX

170 — LEYS (Henri). Étude de deux figures avec une dédicace de Leys à son ami Calamatta.

171 — INGRES. Études de mains.

172 — DAVID (L.). Virgile lisant l'Enéide devant Auguste et Livie, esquisse.

173 — DYCK (école de Van). Vénus et Vulcain; esquisse en grisaille.

174 — GONZALÈS COQUES (attribué à). Portrait d'homme.

175 — GUASPRE POUSSIN (école de). Paysage historique.

176 — HEDA. Nature morte; coquille sur monture en argent, réchaud, saladier en faïence, huîtres, citron, tapis, etc.

177 — HEDA. Nature morte; vidrecôme, coquille montée, canette, fruits dans des plats de métal, etc.

178 — MAAS (Nicolas). Ustensiles de cuisine et légumes.

179 — MANTEGNA (attribué à). Saint Jerôme au désert.

180 — MIEREVELT (école de). Portrait d'homme; collerette à fraise.

181 — PETERS. Mer houleuse.

181 — PORBUS (attribué à). Portrait d'homme; buste.

183 — Raphael (école de). La Visitation ; peinture en grisaille d'un grand style, et datée 1524.

184 — Vernet (école de J.). Marine ; clair de lune.

185 — Vlieger (Simon de). Marine ; tempête.

186 — Vlieger (Simon de). Marine ; temps calme.

GOTHIQUES ITALIENS

DES XIIIe, XIVe ET XVe SIÈCLE

187 — **Triptyque.** Le panneau du milieu représente la Vierge entourée de Saints, le volet de droite le Christ en croix, celui de gauche l'adoration des Mages, Peinture sur fond d'or. Intéressant spécimen de l'école de Cimabué.

188 — Glorification de la Vierge; encadrement de style ogival, peinture de l'école de Giotto.

189 — Deux volets représentant chacun deux figures de Saints, avec encadrements ogivaux.

190 — Deux Cavaliers combattants; curieux fragments d'un peintre des écoles primitives.

191 — Episode de la Guerre de Troie; devant de Cassone.

192 — Saint Sébastien et saint Roch: peinture de l'ancienne école vénitienne.

193 — Le Baptême du Christ; grand tableau.

194 — Le Christ en croix, saint Jean et la Vierge.

195 — La Vierge, l'Enfant Jésus et deux Saintes.

196 — Ange à genoux; fragment de tableau.

197 — Saint Évêque donnant la bénédiction.

198 — Ancienne école allemande. Portrait d'une dame de distinction au XVIe siècle; buste.

199 — Ancienne école allemande. Portrait d'homme; pendant du précédent.

200 — École hollandaise. Portraits d'homme et de femme représentés en pied dans un intérieur.

201 — Id. Paysage avec chute d'eau; site de Norwége.

202 — Id. Nature morte; plat de jambon, corbeille, fromages, et divers accessoires.

203 — Id. Portrait de femme; à mi-jambes et tenant un mouchoir.

204 — Id. Etude de cheval.

205 — Id. Ustensiles de ménage devant une ferme; petite peinture rappelant Eg. Vander Poël.

206 — Id. Nature morte; petit panneau.

207 — École italienne. La Danse des Muses; peinture sur fond doré.

208 — Id. La Vierge, l'Enfant Jésus et saint Jean; panneau de forme ronde.

209 — Id. Vierge et enfant; représentés dans un cartouche entouré d'anges.

210 — ÉCOLE ITALIENNE L'Annonciation.

211 — ÉCOLE ITALIENNE. Christ en croix.

212 — ID. Paysage; Jésus et les pèlerins d'Emmaüs.

213 — ID. Petit paysage avec palais en ruines.

214 — ID. Apollon.

215 — ID. Moine franciscain ; forme ovale.

216 — ID. Tête d'apôtre.

217 — ID. Tête de moine mourant.

218 — ID. Tête de jeune garçon ; forme ovale.

219 — ID. Tête d'homme, buste drapé à l'antique; beau cadre en bois sculpté.

220 — ID. Portrait d'homme avec collerette plate en guipure.

221 — ID. Autre portrait d'homme avec rabat.

222 — ID. Saint Jean; peinture dans le style de Furini.

223 — ID. Portrait d'un cardinal; tableau de l'école de Tintoret.

224 — ID. Portrait d'un cardinal ; cette peinture offre de l'analogie avec les œuvres de Vélasquez.

225 — École italienne. Portrait d'homme; d'après un maître Vénitien.

226 — Id. Autre portrait.

227 — Id. Fruits divers.

228 — Id. Raisins.

229 — Deux Esquisses de l'École française.

230 — Vue prise dans les montagnes de la Suisse; étude.

231 — Huit Tableaux et Études.

232 — **Environ cent vingt Dessins** de maîtres anciens, seront vendus par lots, sous ce numéro.

OBJETS D'ART.

Terres émaillées, Bois sculptés, Pendules Louis XV, Porcelaines du Japon, faïences italiennes.

---

233 — **Terres émaillées.** La Vierge et l'Enfant Jésus; bas-relief émaillé blanc, travail italien de la fin du XVe siècle. Encadrement cintré du haut en bois sculpté et doré.

234 — La Vierge et saint Joseph adorant l'Enfant Jésus ; bas-relief de l'école de Lucca della Robbia, émaillé blanc sur fond bleu.

235 — Autre bas-relief représentant la Vierge et l'Enfant Jésus; encadrement en bois sculpté à jour et doré.

236 — **Sculptures en bois.** Christ en bois sculpté sur une croix en bois noir; travail italien.

237 — La Vierge et l'Enfant Jésus; statuette en bois sculpté; ancien travail allemand.

238 — Deux Christs et une Vierge ; bois sculpté et bronze.

239 — **Faïence d'Urbino.** Plat creux décoré d'un sujet mythologique, les métamorphoses de Protée (?) Il est daté 1546.

240 — Deux salières en ancienne faïence italienne.

241 — Deux coupes à piédouche, figure de guerrier et amour ; ancienne faïence italienne.

242 — Deux plats creux, amour et portrait de femme ; ancienne faïence d'Italie.

243 — **Marbre**. Tête de jeune femme en buste ; travail italien du XVIe siècle.

244 — **Terre cuite**. Buste de jeune femme ; style antique.

245 — **Bronzes**. Quatre Médaillons; portraits de Ingres, de Granet, par David d'Angers et autres artistes.

246 — Un Reliquaire en cuivre doré.

247 — **Pendule Louis XIV** ; en marqueterie de cuivre sur écaille, avec sa console support.

248 — Autre plus petite ; de même époque.

249 — **Table hollandaise** ; en marqueterie de bois et ivoire.

250 — Une autre.

251 — **Porcelaines du Japon**. Deux flambeaux en ancienne porcelaine du Japon; décor bleu, rouge et or.

252 — Deux Cornets, décorés de figures de cavaliers.

253 — Garniture de trois vases, modèle gourde ; décor bleu.

254 — Trois potiches de formes et de décors variés ; en ancienne porcelaine du Japon.

255 — Deux Vases d'applique à pans coupés ; décor bleu.

256 — Deux Plats en ancienne porcelaine du Japon; décor à fleurs et branchages.

257 — Trois autres plus petits; décor à branchages et poissons.

258 — Quatre Compotiers ; décorés de fleurs et de branchages.

259 — Quarante-deux Assiettes; décors à bouquets et guirlandes de fleurs,

260 — Six grandes Assiettes; de même décor.

261 — Quarante-quatre Assiettes en ancien Japon, variées de décors, seront vendues par lots sous ce numéro.

262 — Deux Sucriers à couvercle ; ancienne porcelaine de Chine, décor à médaillons de fleurs sur fond chocolat.

263 — Six Tasses à soucoupes et couvercles; en porcelaine de Chine moderne.

264 — Six Tasses; variées de formes et de décors, en Chine moderne, dont deux en porcelaine coquille d'œuf.

265 — Ecuelle avec plateau et couvercle en porcelaine de Chine moderne, décorée de figures.

266 — Huit petites pièces d'étagères; porcelaine de Chine moderne.

267 — Dix-huit Tasses et Soucoupes; en porcelaine de Chine et du Japon.

268 — Deux Théières et deux Vases à thé en terre de Boccaro.

269 — Une Boîte à thé en émail de Chine, et deux Salières en émail de Saxe.

270 — Deux lampes modérateurs; porcelaine gros bleu, monture en bronze.

271 — Sous ce numéro, un lot d'Objets variés.

Renou et Maulde, imprimeurs de la Compagnie des Commissaires-Priseurs rue de Rivoli, 144. 1187[illegible]

www.ingramcontent.com/pod-product-compliance
Ingram Content Group UK Ltd.
Pitfield, Milton Keynes, MK11 3LW, UK
UKHW020510180726
13839UKWH00005B/2002

9 782329 520759